AF549318

Farhad Showghi

Anlegestellen für Helligkeiten

Gedichte

KOOK

Anmerkungen zur Grenze des Gesichtsfelds

1

Du entwirfst ein Sprechen,
willst dir gleich einen Namen machen,
einen Namen, der von sich aus nichts tut,
keiner Anweisung folgt,
lieber Lautfolge bleibt,
sich auflösend in der Atemluft.

Du gibst vor,
wach zu werden.
Selbst wenn du
nicht hörst,
was du damit meinst.

Wie kommst du jetzt auf Teile von Worten –
was hast du mit deiner Zunge gemacht –

einen Zuruf,
mit einem mundfernen Sprechgefühl,
in einer sehr fremden Sprache,
zwischen Klatschen und Rauschen in die Länge gezogen,
bis ein vertrauter Ton entsteht –

du trittst aus dem Zimmer
und heißt ununterbrochen weiter,
gerne auch über dich hinaus,
um irgendwo draußen
ein *weiter drüben*
aufscheinen zu lassen.

Du brauchst mehr Zeit,
die Augen neben Blättern und Zweigen,
die du nicht kennst,
doch trotzdem mit der Schulter streifen kannst.

Etwas bewegt dich –
erst einmal Geräusche zu machen, entlastende,
es ergeben sich Worte –

sie werden über dich reden.

Genau genommen sprichst du schon.
Der Ausklang der Wörter Schauplatz und Ortschaft
kann doch überraschen –
kein Hinschauen willst du übersehen.
Keine Helligkeiten, die sich an Hecken lehnen,
ohne ständig mitleuchten zu müssen.

Du solltest zunächst Gräser, Steine, Geglitzer erkennen
und den Blick nach links oben richten,
eine aufsteigende, feste Entscheidung entwickeln,
für Dachecken und Terrassenpflanzen.

Ein leises Brummen.
Du drehst den Kopf. Beginnst
eine Leere zu füllen
mit Hemden, Hosen, Füßen, Haaren,
um sie in ein Rauschen im Ohr zu verwandeln.

Ist da ein Schauen dem Sprechen entkommen?
Nein, nur die Knie sind noch zwei ungleiche Kugeln.
Kalte Luft zieht über die Arme.
Schneegeruch und Blechstangen.
Vereinzelt sind Wildblumen zu erkennen
zwischen aufgereihten Wasserflaschen.

Manchmal fällst du trotzdem zurück.
Um eine Auszeit zu nehmen.
Außerhalb der zufälligen Folge
von Klängen und Gesten.

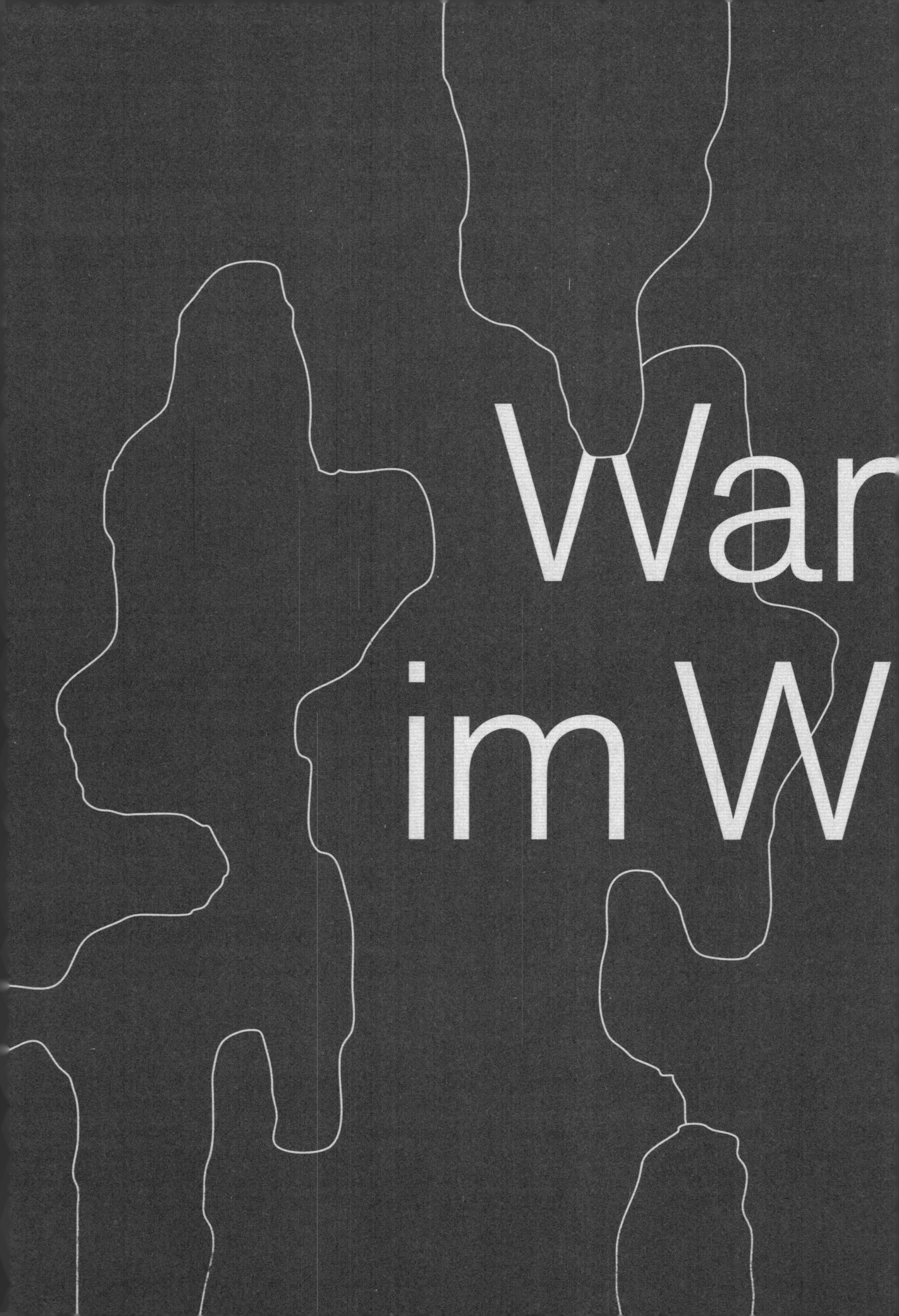
War
im W

ten
irbel

Swirl sleeping in the waterfall!

Basil Bunting, Chomei at Toyama

Fehler im Traum I

Alle haben mich hereinkommen sehen,
ins Sprechen träumen,
nicht von vornherein sinnvoll schäumen.

Kind war Kind wie Zaudern Zaubern, Nuss Walnuss und Lidschlag
Fluchtgedanke.

Meine Beine machen noch Flüchtigkeitsknickse, doch meine Arme
sind mit der Zeit ruhiger geworden.

So manches erinnert mich noch an Mitgefühl
mit Zedernwind und winterkalten Gräsern.
Auch Tau.

Können meine Wörter immer älter werden?
Der Schönheit zuliebe Schönheit wecken,
ihre Rückseite füllen, während vorne alles weiß bleibt?

Ich weiß nicht,
wo ich wenden soll.
Ohne zu atmen Sprechen kann bedeutsam sein.
Vielleicht denke ich dann
an die Pflaumenblüte
und die wohleingerichtete Zeile:
Asche des verbrannten Hains.

Wann verlasse ich mich auf Geräusche?
Ein Klopfen oder vernutztes Rauschen?

Vater, Mutter! Ich bin völlig grundlos gefallen,
da die richtige Tiefe woanders war.
Man sieht es auf dem Foto:
Ich stehe ganz oben und wirke
wie abgestumpft.

Doch was sich im Halbschlaf als Zwischenspiel
zu erinnern eignet:
An einem Eckhaus in Schemran
habe ich eine Verbindung verloren:
einen durchsichtigen, blauen Eislöffel,
zwischen Zunge und Gaumen.

Die vogelfreien Dächer ködern den Blick.
Ich bin dann einfach nur für mich.
Alle meine Anziehsachen müssen Ruhe finden.
So wie in einer Familie.

Was hast du bei guter Fernsicht sonst noch benannt:
Wiesengras, Insektenfeuer?
Einen Fußweg zu einem Gespräch der Eltern?
Oder das Gewicht der Visionen, ein Stottern der Ränder?
Nein, nein, dieser Kampf ist ein schwindender Lichtpunkt,
der im Bogen wiederkehrt
als Urform
der Handbewegung.

Jedes Hemd entfaltet sich mit mir,
bis auf meine Stimme.
Meine obere Hälfte wird dann abgeschlossen.
Und nach unten hin
hängt die längliche,
gebrauchte Schwere
aus Bauchraum, Bienen und Beinen.

Die Abende ziehen auch an einem Strang.
Meintest du wirklich das Rückgrat zwischen blühenden Spalieren?

Mitunter habe ich nur ins Waschen der Füße gesprochen.
In den aufsteigenden Erdgeruch.

Wendung: Ich habe keine Zeit mehr
für mein Gesicht, wenn ein
Ereignis folgt.
Jetzt ist aber bloß ein ruhiger Augenblick.

Nächste Wendung:
Ich habe im Stadtpark Tomaten gegessen,
mit ihnen getropft – auf Ameise, Hose und Schuh;
na,
dann sprechen wir weiter.

Einen Schlaf durch den anderen
ausstechen. Auch mein eigener Traum
ist nicht mir, sondern sich selbst am nächsten.
Ich verlasse meine Natur, um
nicht nur selbst *ich* sagen zu müssen.
Meine Augen nutzen manchmal die Zeit
als flüsternde Münder.

Ich halte diesen Fluss am Laufen.
Mein für andere noch fremdes Wesen
bleibt ringförmig,
was mir keiner glaubt.
Nur manchmal ruft jemand:
Da, schau, ein Armfüßer, auf dem Weg zur Bank!

Was berühre ich, bevor ich es falsch benenne und richtig schlucke?

Ich hebe die Hand bis ich ihren Schatten sehe.
Die Hand ist dazu da, den Schatten nicht wegzulassen.
Schatten.
Unausgesprochen trotz Punkt oder Anführungszeichen.

Meine Reise wurde von verschiedenen Bewegungen
neben Baumgruppen eingeholt.
Ich bin ins Unbekannte vorgestoßen,
während ein Lichtstreifen
sich immer wieder auf meine Lippen legte.

Hätte ich doch herausgefunden,
was ich hörte, als ich nicht wusste,
wo und wie genau
ich sprechen soll.

Vergiss mich nicht auf deinem Stuhl, wenn du aufwachst!
Zischst du etwa?
Sind das meine Schlieren an deinem Mund?

Kannst du dir einen Reim auf Armfüßer machen?
Meine Beine machen noch Flüchtigkeitsknickse,
aber die Arme sind immer ruhiger geworden.

Viel früher hatte ich
eine Schwäche für Platanenrinde
unter dem Fingernagel,
wie später
für Birken im Gleisbett.

Was nun?
Dein Schatten wird sich deinem Namen widersetzen.

Fehler im Traum II

Die Stimmen im Garten.

Die Flüstersprache
lauter gestellt,
                    leise gedreht der Redefluss,
Trillerketten, Schattenbeere,
unklar, was zuerst verstummt.
Etwas läuft an den Ästen entlang,
verwandelt sich noch nicht in Arbeit.

Es sei denn, es wird weitergesprochen.
Alle Münder sind vergeben.
Wer leer ausgeht, war
nicht sichtbar genug.
Rätsel und Geschick sind jetzt gefragt,
statt Rauch und Regen.

. . . . . .

Ich höre das Wort Tafelbutter,
gefolgt von Waschhand, Julischauer.
Bewegungen der Gelenke
und Waldes- oder Randesrauschen aus
kaspischem Schaum.
Waschhand sagt keiner,
die bleibt lautlos am Arm.
Und das Unwetter?
Abgeschirmt von Julischauer, Tafelbutter.

Moment:
Höre ich noch etwas?
Genau das, was ein Erlebnis ist?
Mit Knetgeräusch am Ohrläppchen?
Wie jetzt los?

Jemand meint plötzlich: Prager Schloss.
Wenn ich zum Prager Schloss hochsteige,
bin ich schneller in Lebensgröße
weit fort von mir.

Klangcheck: Holt die Schattenbeere Sonnenlicht?

. . . .

Jetzt weiß ich nicht mehr, wo –
dort hörte ich einen Namen,
der mich betäubte.
Schlief dann tagelang.
Träumte von Schickschuld, Knickschuld, Köcherfliegen,
Heißgetränken, weißen Schlieren,
schlief tagelang.
Bis sich die Zweige teilten
und ich dann
selber so hieß.

Und jetzt weiß ich nicht mehr,
warum ich vorhin
an vier Fenster dachte,
an Panoramatektonik
und meine Vorräte
aus den Sonnenaufgangslisten,

an alles,
was Schnabel und Huf und Hügel hat,
mit Luft nach oben, mit nichts im Sinn
als Schattenwolke, faire Wolke
mit Wind und Licht.

Wir könnten warten.
Schilfgras überwuchert den Tee.
Die leere Tasse ist besser erkennbar,
die Einzelabsicht schon beweglich.

Viele Bäume wechseln die Blätter,
wechseln die Sprache
für ihre Namen.
Auch der Vater versucht es bei wenig Licht,
obwohl ihm nicht danach ist.
Irgendwas muss passieren.

Irgendwas muss passieren.
Vielleicht erst einmal
die Gasflasche wechseln.
Im Voraus sich schon einmal bücken.
Vorm inneren Auge: die Nähe der Linsen,
die Nähe der Berge.
Handrückenhaar
in der Flugbahn der Rohrzange,
dann die Selbsthemmung
nach doppelter Drehung – der Unterschied
zwischen Maulweite
und dem Strahl einer Stimme,
die von der Seite kommt.

Es war auch zu verlockend:
Um Schatten und Körper wechseln
zu können, ging ich hinaus.

Jetzt strömt aber was aus.
Wie aus einem Ritz, ganz leise.
Hörst du?
Ja, es wird langsam lauter.
Luft ist es nicht, Gas ist es nicht.
Wohl kaum Staublicht des gestrigen Tags,
wenn schon Heutiges
nicht infrage kommt –
das kann ich sehen.
Aber was dann?

Ich bin dafür, dass sich Wolken bilden
und neue Tierarten, neue Anziehsachen,
ganz hinten in Mazandaran.

Oder alles nur Frühabendzikaden,
Serien ganzer Zahlen,
die nachmittags noch
ein Stoffgemisch aus Eidechse,
Marzipan und Stehausschank waren?

Jemand sagt: Unten am Fluss
liegt Teheran. Es gibt
immer wieder Gründe dafür,
am wahrscheinlichsten Ort zu sein.
Die Nachmittagshitze versucht nichts Unmögliches.
Die falsche Lage
bringt auf die Spur
mein richtiges Schauen.

Um Schatten und Körper
verwechseln zu können,
drehe ich eine Runde.

Und manchmal oben das Prager Schloss.
Liegen dort nicht noch
meine Anziehsachen?

Es wird noch gesprochen.
Die Schattenbeere holt Sonnenlicht.

Was ich zu vernehmen glaube: *Marsch, marsch . . .*
Kein Leitungswasser.
Bis jetzt sieht es so aus.

Was habe ich nicht alles im Rücken:
Ende April, gespannte Schnüre,
Halsflaum, Milchschaum, knacksende Stühle,
– stopp: auch eine Tageszeit und das Klatschen einer Hand,
das Gleiten über den Boden, bis alle
Platz genommen haben, – zuhören
oder die Lippen öffnen,
fürs innere Auge eine Klangfarbe finden,
die Schwingweite der unklaren Antwort und ein *Ah!*, den Spurt
zur Engelstrompete zwischen Berg und Fluss,
es muss ja den Erfolg, ein Durchkommen geben, ein Ein und Alles
auch für den Fuß, und Baumsaft an klebrigen Stellen,

Schritte zu geschwächten Gleichzeitigkeiten,

und Anfang Mai die Rapsfelder, das befremdliche Gelb
der hohen Kissen, der unscharfen, dämmrigen Küchen,
Körper, die sich in Schlafnähe wähnen, im örtlichen Schatten,
ein Gefühl von Ärmelflug mit Widerhall und Wolkengipfel,
Zischlaute, in Raum verwandelt, und weitere Lücken
für Zurrkräfte von Gedanken an nichts, dann Sprühregen,
ein Seitenlicht, das am Schulterblatt wechselt,

mich kurz nach vorne stupst.

Fehler im Traum III

Von einem ersten Eindruck reden.
Lupinen.
Geknickte
Stängel.
Ich verenge die Augen.
Für frisches
Licht.
Für mehr
Platz.
Für dünnere
Stängel.

Ich drücke gegen das Fensterglas.
Die Dächer halten mit einem Ruck
vor verwischten, zittrigen Möbeln.
Die Finger ziehen Durchdringung vor.
Rasche Abtönung weißer Knöchelgruppen.
Zugunsten von Glanz, gelösten Gesten,
weit außerhalb von ihnen.

Wir stehen am Grenzfluss.
So gut wie mit jenen Füßen,
die wir soeben noch in den Händen wussten.
Die Sterne sind winzige Affen über Schulter und Haar,
wir stehen am Grenzfluss,
um die Wahrheit in Worte zu fassen,
und die Sterne klingen besser, wenn sie nieseln,
auf die Erbsenfelder hinter diesem Traum.

Ich schlafe ins Sprechen. Baue Nähe auf zum langen Satz.
Zum schnellen Satz.
Der Waldrand war eine Bodenlampe, die zu nah an Gras und
Stuhl stand.
Jetzt trage ich den Waldrand drei Stockwerke hoch.
Überspringe Treppenstufen.

Ich sehe vor:
mit Anlegestellen für Helligkeiten.
Mir geht es jetzt weniger
um Zufriedenheit
mit Platanenzweig
oder Treppensteigen.
Über der Zunge:
gebremste Luft.
Und ein rötlicher Klecks,
der ins Auge sticht.

Vielleicht muss ich jetzt gar nicht suchen,
nur Helles statt Namen rufen.

Je nach Neigung und Senkung leichter oder schneller sagen:
Ich sehe, wir sind schon durch;
ich überlege noch, welchen Vorflur ich meine,
welche Begleitstimmen zur Leuchtkraft und Dichte von Glas,
welchen Griff zum Tee, der an praktische Stichsilben erinnert,
wie Tür, Stuhl und Gras.

Doch ging es nicht
um das ungenutzte,
in winzige Änderungen
des Luftzugs verwickelte,
dann streng beschnittene
Flackern der Schuhe?

Zurück zum Grenzfluss.
Alle Linien nehmen, wie sie kommen, alle Patzer:
Ersatzteile für Pumpen, Fischwannen,
das Aufbegehren, die Pfiffe, Tempowechsel
auf dem Fußweg zu frischem Kupfer.
Gleich machen die Geschäfte zu.
Wie ein Schreibwarenladen zu Aschrafabad.
Irgendwann legt man etwas hin, schiebt es leicht nach vorn,
kommt auf den Namen und es verkürzt sich der Abstand.

Jemand sagt Evros, jemand sagt Elburs,
und der Nächste schon Schwirr! oder nur Oh!
Meint aber wohl die vom Mondschein
verflüssigte Schläfe,
als Gegengewicht zum Lärm des Wassers,
zum Zungenstich durch die knochenlose Stirn.

Der Schnee rafft sich auf bis Juni zu liegen.
Ein lehmgelber Ton.
Eine Lust auf Zedern,
wenn ich mich um meine Längsachse drehe.
Irgendein Licht vergessen?
So wie in einer Geschichte,
die weitergeht?
Ich lasse mich gehen,
zu meinem Stehen,
schaue nach,
wo ich mich,
auch viel weiter vorn,
noch mit mir überschneiden kann.
Sehr tonangebend gleich die Schritte,
das Gangbild spannungsarm.
Jetzt möchte ein anderer laut rufen:
Ich kann doch nicht immer Jahre überspringen,
nur um hier zu stehen,
zwei Armlängen von dir entfernt.

Ein mundnahes Echo
kann von einem Mehr an Vokalen zehren,
von Tönungen eines Nachmittags,
an die sich die Du-Sätze hängen.

Ein Vielfaches von Stillstehen schwebt mir vor,
Tafelwasser, Tafelmesser, Tafelsalz,
eingespeist in den versuchten Aufflug der nächsten Sätze,
es gibt Fladenbrot mit Neuigkeiten von der See
und das, was dann einknickt,
mit Gegenbildern, mit Duft am Daumen,
gerade so viel, um nichts ergänzen zu müssen.

Was auch geht, auch hinter Yazd:
erst die Hügelkette, dann die Geste,
mit steilen Stufen zum Berg,
alles andere zwischen Rauch und Geruch,
erklommen mit geringem Wissen,
was sich hinten mit Aussicht deckt,
der Berg tropft, streckt seinen Namen
Tschack, tschackuu . . .
Der Vater mischt ihn mit Ohrensausen,
und ein Vogel
lässt einen Finger fallen.

Wo ist es jetzt,
mit gemindertem Klang,
dieses *Egal was ist*?

Wie jetzt weiter?
Ist es unmöglich
Schatten zusammenzuhalten
oder schnell zu lernen, sie auszudehnen,
ohne aufs eigene Geräusch und Konturen zu pochen,
weil es lange dauert, bis jemand kommt?
Der heiße Platz ist mittags leer.
Weitersprechen.
Ohne der Stimme den Vorzug zu geben.

Alles zum Grenzfluss.

Die Föhren. Die höheren Myrten.
Und schwache Blutwärme, die Erbsenfelder, die anderen Felder,
die aufgelösten Formen, vielleicht auch ein Geflügelhändler,
ein Flechtwerk, ein Spitzblatt
für die am Astende
nur flüchtige Berührung des Kopfs.
Man sagt:
Alles, was gerade so noch hinpasst.
Und Worte wie: Unten am Hang
bin ich fast zu klein für das Geräusch der Ankunft.
Das Glanzpapier ruht,
der grüne Stift ruht.
Die Sätze können leiser werden
für einen Geschmack im Mund. Und ganz oben einige Wolkenstummel,
die wenig von sich sagen, keinem Thema folgen,
wie dem Verwehten an Klöppelspitzen oder
ferner Schraffur.

Ach was.
Lange Pause.
Ich höre: Wir warten auf die Verbindung.
Außerhalb der Stimme gibt es keinen Grenzfluss.
Kein Rauschen, Wasser aber.
Für klebrige Finger, die gegen Sitze drücken.
Es kann sein, dass wir Hinweisen folgen,
einem springenden Lichtpunkt
in verschiedenen Höhen,
dann schwachen Streifen
neben Buntlaufsprenkeln
bis zum abgeschüttelten Gesicht.
Wenn es sprechen könnte:
Ich könnte den Mund bewegen.

Wenn niemand fährt, ist die Straße der Zeit voraus.
Obgleich die Biegung an ihrem Ende
die beste Gelegenheit bietet
Jetzt! zu rufen.

Von Stillleben reden.
Vom Bloß-kommen, Bloß-zugeteilt-sein
dem eigenen Rahmen,
dem in sich gekehrten
Ganz-außer-sich.

Die Lippen formen sich zu lautlosen Sensationen.

Ich sitze in der U-Bahn,
neben Licht
auf Ziegelmauer.
Lege Wörter zusammen.
Folge dem Sitzen.
Silbe auf Silbe.

Ein Sprachklang klinkt sich ein.
Als erster Abstand, den
mein Blick überbrückt?

Und etwas kommt hell her vom Saum.

Widersteht der Erregung
für ein Nie-genug,
nicht
für ein
Für-und-Für,
ein belastbares
Darüber-hinaus
mit präzisem Oben und Unten.

Ich sage: Bis eine Vase steht.
Vase mit Schatten und reglosem Wunsch.

Wie auf einem Tisch an einem Sommermorgen.
Meine Fahrt und die jäh aufragende Vase und die Nähe zur Pause.

Gut.

Eine Hand ist frei.
Für Halshenkel, Bauchhenkel, Strickhenkel.

Gleich ist ein Gesicht in Stimmung,
vorwiegend mein Gesicht.
Mit kurzgefassten Wangenfluchten
nach rechts oder links.

Die hellen Säume halten,
dazu ein Blinzeln: ein Raus-raus-mit-dir
und Wieder-ins-Gewebe-hinein.
Silbrige Streifen bis ans Ende des Waggons.

Nichts wird abgerissen und in die Höhe gehalten.

E-Mail: Wir stürmen keinen Palast
im Platanenpark
für einen Weg,
den wir schon gegangen sind . . .

Eine Klarheit des Blicks müsste folgen
und was auf der Strecke bleibt.
Der Geradlinigkeit halber.
Mit Kurven in Kurven.

Wie eine Vase auf einem Tisch an einem Sommermorgen.

Eine Vase, die ich in die Hand nehmen und drehen kann.

Ich habe die Wahl
zwischen was ist und was auch ist,
versuche die Stirn nach vorn zu bekommen,
möglicherweise noch den Handrücken,
und was dort gewesen sein mag,
am Ort hinter der Handtellermulde –
mit Zeit für die Station Ritterstraße,
für Gesten im Gelblicht, ihre Linientreue ...
und grünes Waldglas?
Weniger Transparenz als Schattengrenze –
bevor alles
hingeschmissen wird.

Tu das nie wieder!
Was?
Wer sagt das?
Kein klarer Umriss,
doch jemand
mit Bewegungserfahrung.

Verlangsamte Stöße,
offene Fragen.
Reste von Nähe
in der Höhe der Augen.

... wie wird es drinnen werden
im geplünderten,
immer kleiner werdenden Palast?
Was wird abgerissen,
wieder nach draußen gezogen?

Ich komme auf meine Füße.
Mit Flüchtigkeitsfehlern an den Zehenspitzen.

Es braucht Zeit,
Konturen durch Luftlöcher
so in die Nähe des eigenen Ichs zu bringen,
bis die beherrschte Form des Sitzens
dem Körper zustehen kann.

Wie auch das Gemeinsame aller anderen Vasen.
In Verbindung zu Gekräusel
bis zum Schenkelhals.

Lohmühlenstraße.
Lohmühlenstraße mit Anfang und Ende.
Nicht Hauptbahnhof.

Früher habe ich mich mehr bewegt,
wurde immer schneller,
bis ich mich treiben ließ,

als ich die Erscheinungen
noch beim Namen nannte:
wie schwarzer Regen
und weißer Regen,

oder Tauwetterluft
an der Rolltreppe . . .

Doch aus den Eingebungen zwischen Beschleunigung
und abgebremster Fahrt
entsteht jene Auftriebskraft,
jener Durst nach Nachahmung,
mit dem

sämtliche Vasen und Tische und Sommermorgen
sich von den Sitzen erheben.

Fehler im Traum IV

Mein Sprechzimmer.
In einer anderen Stadt –
sie erstreckt sich
                    über viele Hügel
trotz fest versprochener Wege ans Wasser
                                        verzichtet sie auf den großen Fluss
zur Behandlung kommen dieselben
                                    Frauen und Männer –
                                        wie in jener ebenen windoffenen Stadt
die dem Namen nach die gleiche ist
auch das Wetter
immer noch unbeständig
                                manche Bäume werden heller
manche Erlen
                oder Kastanien – gedeckt durch eigenes Rauschen
und das Wartezimmer?
hat keine Glastür
keine senkrechte
blattfingrig sich neigende Pflanze
                                    neben gerahmten Fernen
an der Wand
insofern weg
mit dem ganzen Warten –
wenn alles taut und warm wird
liegt es aber
                breitet sich
                            als begrünter Parkplatz
mit später
nach meinen Wünschen
                            aufgestellten Bänken
                                    ganz oben am Hügel
die Dachkuppel eines Bahnhofs
                                lässt sich erahnen
                                                von dort aus
jenseits der anderen Hügel.

Ein glitzernder Apparat wird gleich verdunsten.
Oder beginnt beim Trocknen zu glänzen.

Moment: Eine schmale Straße – schlängelt sich
zwischen zweigeschossigen Häuserblöcken
den Hang hinunter
über meinem Kopf
wird ein Gespräch geführt
erster Tagesanbruch
zweiter Tagesanbruch . . .
der Wind trägt Bruchstücke weiter
ich werde gleich wissen
ob ich schon
hinausgetreten bin
und mit festerer Stimme
lauter rufe
Herr Ahmadi Herr Ahmadi
wo stecken Sie denn?
Na los na los! denke ich
sitzt er noch oben auf seiner Bank?
bin ich in seinen Augen schon
jemand
der ihn ruft?
oder nur Vorläufer
einer rufenden Person –
eine Zeit verstreicht –
für Lichtspiel
für Arbeit
an der überstürzten Geste –
hinter einem nahen
frischen Grün.

Fehler im Traum V

Szene 1

Jemand sagt, es stünde mir frei wegzugehen.
Ich sehe den Raum zwischen mir und einem Baum – eine Platane?
Es gibt einen Moment, wenn der Wind in ihm auftaucht,
aber noch nicht mein Gesicht erreicht hat.

Die Erwartung leicht gekühlter, wässriger Augen beruhigt mich.
Das höre ich an meinen Atemzügen in der Luft. Es ist August.
Ich meine nur. Es hält sich eine Tönung der Durchsichtigkeit.

Und wenn ich mich umdrehe?

Keine flackernde Ausbreitung,
die sich zu einem scharfen Horizont glattstreifen lässt.

Also was jetzt?

Irgendein Licht betont eine Vision meiner Wangenknochen.

Es fehlt mir die Übung, leicht davonzugleiten, ohne schnelle
reißende Bewegungen zu machen.
Vielleicht nimmt mein Rücken bis hin zum Nacken verschiedene
Rottöne an.

Vielleicht bin ich schon weiter vorn, im Raum zwischen mir und
dem Baum.
Eine Platane? Gleich an ihr vorbei?
Ich sage dazu etwas, das sich undeutlich ins Bild zurückzieht.
Ich denke an eine kompakte, sehr grüne Konstellation,

kombiniert mit Wörtern wie Rotton oder Hügelgegend und
dem Satz,
es stünde mir frei wegzugehen.

Zwei Farben also. Ohne schwarze Punkte oder weißen Schaum.

Platanenjus fällt mir ein, mit Plataneninsekten, Platanenstoff,
und weiter hinten, im Platanendampf,
ein paar längliche Wesen, behände,
verspielt, aufgeschlossen – wie Nachmittags- und
Platanencousinen,
ich sage: Da, ein dünnes Bein legt sich über meine Brust,
ein weicher Fuß tippt an meinen Mund.

Ich laufe ein Stück mit Familie.

Ich betrachte mein Gesicht als glatte Fläche.
Auf Zuruf wird es mit Augenhöhlen versehen und geliebt.

Die Luft behält schamlose Geister, die sich als meine Blicke
erweisen.
Es steht mir frei wegzugehen.
Es steht mir frei meine Arme auszustrecken
und sie in leichtem Winkel
auf einen fern von mir liegenden Punkt zulaufen zu lassen.

Redebedürfnis beruhigt mich.

Wie eine Folge von Ausdünstungen, die ans Sprechen erinnern.

Ich spucke auf die Uhr und reibe sie sauber.
Sie ist noch warm von mir.

Mein Blinzeln spielt auch Zeitvergehen.
Manchmal sehe ich zufällig das Haus, in dem ich wohne.

Die nächste Umgebung wird meinem Tun einen Rahmen geben.
Die wachsende Nähe zu diesem Moment überrascht mich nicht.
Das Gewicht der Wörter *Schauplatz* und *Ortschaft* aber schon.
Ich warte darauf, mich herwinken und ansprechen zu lassen.

Gehen ist kein beschnittenes Wort.
Ich denke an Geräusche für unterwegs.
Fasse den Entschluss, eine Weile nach innen zu harmonieren,
Schritt für Schritt.
Soll doch der Boden den Aufprall der Füße dämpfen.

Szene 2

Macht Schauen dich sprachlos?

Schließt du die Augen,
durchtrennst du den Faden,
denkst dich
gesprächiger.

Zunächst zu einem Geräusch von innen.
So ruhig wie mit der Vorsicht,
nicht in Löcher zu treten,
und da – erste Gefühle
für einen äußeren Rand,
ein Streifen wird schon
abgeschnitten:

Es regnet.
Dann hat es gerade aufgehört.
Aufsteigende Luft scheint kurz zu sinken,
unten ist oben für
böiges Stricheln,
oben jetzt unten
für Fallen und Wehen –

Die Tonspur wechselt.
Draußen wird etwas aufgebaut.
Nach jedem Klack erheben sich Schwärme.

Und weiter hinten?
Das, was die vorderen Nachbarn besser sehen:
ein Hügel mit Drift,
ein Hang mit Wirbel.

Es gibt eine Zeit, wenn das Licht in der Ferne streut
und ein von dunklem Blau abgeleitetes Graugelb erzeugt,
über Zeilen von spielerisch wechselnden Farben,
aber noch nicht an deinen Körper heranreicht.

Du hörst: Ausgerechnet heute,
ausgerechnet morgen . . . nicht vorbereitet:
auf Abbild, Striche, geformtes Leuchten
neben einem Gefälle, aufscheinend
im betrachteten Leuchten.

Geht es hier um ein *Jahre später*, nach einem Zeitpunkt,
der gleich kommen wird?

Draußen wird etwas aufgebaut.
Nach jedem Klack erheben sich Schwärme.
Und du weißt nicht genau,
in welchem Jetzt du, genau in diesem Moment,
eine Bewegung beendest und schaust und lauschst,
in welcher Luft deine Stimme sich auflöst,
bevor du etwas sagst.

Blieb lange farblos:
dein schweifender, am Bildrand sich stauender Blick.

Doch du bildest mit deinem Schatten erneut einen Knick,
zu Pflöcken, Schnitten, stummen Wäldern,
bei einer Fahrt irgendwohin.

Sobald die Landschaft erscheint, drängt sie weiter.
Alles bemüht sich um den Boden im gleichen Tempo.
Büsche, Plätze, Wege der Hitze,
wie zerstreute Fürsorge und jemandes Stuhl.
Manche Gärten nicht ummauert,
nur gewässert, bis an die Ränder gewässert,
und auch die Stimme
fordert Gewicht.
Hol den Stuhl zurück! Hol den achtlosen Spaziergang
zurück!
Die wortlose Eingebung langer gezackter Wartezeiten,
die etwas anderes sind als beherrschte Sprache.

. . . ein träumerisch ausgestrecktes Bein.
In ein anderes Terrain?
Tatsächlich scheint es aus dem Gesichtsfeld zu rinnen . . .

Im Sitzen benennen. Im Sitzen rufen. Ins Rufen schlafen.
Um irgendwo Wäsche aufzuhängen.
Nasse Ärmel tropfen auf einen vergessenen Punkt.

Mittlerweile beugt ein Wind einige Gräser nieder.
Jemand hätte sich das anschauen und sagen müssen:
Ich verschwimme damit. Und kehre viel später
in mein Zimmer zurück.

Pause.
Auf den Tisch jetzt: stille Alternativen
zu bleichen Armen,
zu Teller und Glas.
Eine glattgezogene, gelbliche, noch leicht gewellte
Silbrigkeit dürfte folgen.
Lichtwechsel auf Tafelbutter?

Diese Spannung kurz leicht erhöhen.
Mit Gedanken an Putz und Witterungsflecken.
Jemand sagt: Ich blicke quer durch dich hindurch.
Raum für Wendungen geben lassen.
Für weiche Stellen im dichten Gewebe
neben Emaille- und Mosaikkacheln.

Nächste Pause.

Schauen macht dich sprachlos.

Manchmal kommt's plötzlich zum Rückstau,
die Natur zieht wieder in den Vordergrund,
Bäume spiegeln sich im Wasser,
und etwas ist behutsam in Ordnung zu bringen.

Du siehst Schimmerlicht
aus eingetopften Pflanzen,
eine Schliere im Schatten,
am Ende verdickt –
alles in allem kein langsames Fragen nach Wasser,
eher wachsender Tropfen.

Eigentlich wolltest du die Glieder nur mit Farbtönen dehnen:
mit Graugrün oder Dunkelrot,
wie in deinem Mund.

Jetzt lächelt dein Gesicht neben deinem Fuß.
Die Stimme schnellt nach oben.

Kannst du so stehen?

Dann kommt der Abend.
Der ganze Raum von Blausteinsplittern und Orange erfüllt.

Jetzt muss es auch nicht sein,
dass mein Blick die einzige Aufgabe hat,
meine Gedanken
in sich
aufzulösen,
die
unverblümt
melodiösen
Gedanken.

Die Hände fallen auf die Knie.
Ist diese Bewegung festzuhalten,
wiederhole ich sie.

Es bleibt zu einfach,
auf die Landschaft
zu schauen,
nur um das Auge einem Hintergrund näher zu bringen.

Die Luft ist frisch und stark.
Aus ihr gegriffen jetzt Worte wie:
In den Dörfern bellen
die kleinen Windhunde,
Punkte neben Silhouetten, die
eingeknickt sind.

Ich sitze in einer Ecke
und erinnere mich:
Ich trage Pantoffeln zur
schwachen
Aureole
meiner neuen Erscheinung.

Als wir den Osten verließen,
im Einklang mit winzigen
Geräuschen der Steppen,
weiträumig gewärmt vom
Unbekannten, das immer wieder
hinterm Horizont verschwand,
schwindelte uns
von milder Einöde
und Vernachlässigung
erster Sommertage.
Oder:

Das Deutlichste
kann ausgespart werden.
Wen kümmern jetzt
die Kehllaute, die Höhenwinde
und Schößlinge, Böschung, andere Dinge,
die staubgesättigt
Schatten werfen,
ohne zu erkennen zu geben,
was sie sind.

Durch niedrige Schneisen:
Schleichwege
für ein Rieseln
und Rollen,
das gerade noch
existiert.

Moment: den Spuren folgen?
Über einen Wiesenpfad gelange ich
in den ummauerten Obstgarten.
Wie viel von mir ist gerade versickert?

Der Regen hat soeben aufgehört.
Die Sonne kommt nicht nur aus Bequemlichkeit durch.
Der Schnee taut an namenlosen Hügeln.

Aber schon nach zwei Tagen, nach drei, vier ...
hüllten wir uns in Decken und
gingen zurück.
Der Motor sprang an.
Die Scheinwerfer glitten über den Strom.
Wir trugen zu wenige weiße Sachen,
doch verständigten uns
über das Brausen hinweg.

Hellgrünes Laub berichtet
von Abschattungen,
von wachsender
Elastizität
gesättigten Basaltgraus,
während das Land zugleich
abfällt ...

Über den Wiesenpfad gelange ich
in den ummauerten Obstgarten.
Mit meinem Repertoire an
unerzählten Nachmittagsstunden,
die leicht
anschwellen dürfen,
wie ein Teppich auf Gras.

In deinen Augen fallen dir meine zu.
Probiere alles aus,
repariere etwas oder

binde es fest.
Manchmal tritt nahezu Stille ein.
Nichts bewegt sich mehr.
Während ich mir
auch so denken kann,
dass jede Sache
nicht nur allein
für sich steht
und die entrückt
scheinenden Straßen
in engem Zusammenhang
mit einer taghellen
Umgebung bleiben:
um etwas auszulösen,
das sich schnell erwärmt
und langsam wieder auskühlt.

Das Wort Mahlstein
gefällt mir von Anfang an.
Aber ich weiß nicht, wie ich es verwenden soll.
Seit dem letzten Mal sind Jahre vergangen.
Und ich suche aufs Neue eine Verbindung
zwischen Drehung, Feingut, Beständigkeit.

Ich beginne mit den aufquellenden Augen,
die zu schnee- und hangnahen Schrägen führen.
Bis hin zu Mahlwerken in Museen.

Ich lockere diesen Anfang weiter auf.
Nordwestlich vom Stadtteil Vanak
will ich wieder sprechen können.
Und betrete über Stufen an einer anderen Straßenseite
das Messegelände. Wo Pappelreihen
mit Fahnenstangen
noch sehr verhalten
auf Stimme und Schritte einwirken.

Ich schaue mich selber an.
Von Nahem wirke ich heller und spüre
die Entschlossenheit, anwesend wie ein Besucher zu sein.
Beginne kurz bei Getreide
und Flüstersprache.
Mit trödelnden Binde- und Pollenflügen
aus Baku oder Khorassan.
Ich prüfe die Speicherkraft des kleineren Abstands:
Zwischen Landmaschinenmesse
und zwei Kirschbäumen,
an die ich mich gut erinnern kann.

Wo denke ich hin?
An eine Durchmischung der Zeiten in einem neuen Licht?
Mit bulgarischen Wasserpumpen,
Raumdurchquerung mit Sofortkrediten,

Grenzüberschreitung mit Sprühverhalten,
neben Pflanzenpflege und Ballenpressen
aus einem Land vielleicht
mit dem Namen Jugoslawien?

Soll ich die Augen schließen?
Gibt es kleinere Punkte in meinem Schädel?
Punkte, die ihre Ansprüche aufgeben,
etwas zu beenden?

Ich habe öfter einen Gedanken,
der ein Fluchtlinie im Sichtbaren hat.

Ach so. Pause.
Alles will in die Richtung, aus der ich komme.
Ich bin zu neugierig, um aufzuhören.
Ich hebe die Arme.
Sie bleiben in die Höhe gestreckt,
beinahe parallel,
dann leicht nach vorne gebogen.
Vielleicht ist jetzt der Augenblick gekommen,
das Wort Mahlstein nur anzutippen,
an Schmieröl- und Lackgeruch zu denken,
wie an die unbestimmte Begleitung von Frühlingsluft
(und Pausenbroten bis Halle siebzehn),
ich sehe die Hände, die Finger,
die so tun, als ob sie ihr Beugen
fortsetzen könnten, wenn ich
diese Position halte,
also mich im kurzen Bogen zu greifen versuche.

Aus welchem Grund soll ich jetzt nur mein Kopf sein?
Wie jemand, der dem Druck entspricht,
einen Großteil seiner Erscheinung abzugeben.

Das Ende des Besuchs bleibt also offen.
Soll ich aus den restlichen Hallen noch Worte machen?
Die Mähmaschinen schweben am Himmel
und fordern das Unmögliche,
bis sie wieder den Boden erreichen.

Es folgen ja die langen, freundlichen Striche,
die leichten gestreckten Erhebungen,
Stimmen für größere Anbauflächen,
mit Hügeln in Hügelketten,
und gleich noch weitere Verführungskünste,
die schon wie Mais,
an den Grenzen des Sehvermögens,
rumänische Traktoren berührten.

Ich denke darüber nach, dass ich nicht weiß,
wie ich auf das Wort Mahlstein gekommen bin.
Welche Nahrungskette wollte ich offenhalten?
Für welches Geräusch, das wahrscheinlich ist?

Es fehlt mir nicht an Schlaf,
auch nicht an einem Rahmen,
aus dem ich hervortreten kann,
mit Blick auf Nebelfelder,
Drähte und Flügel,
geringer
Abweichung
von Schrei oder Pfiff.

Fehler im Traum VI

1

Dein Körper ist, gegen das Drei-Uhr-Nachmittagslicht betrachtet,
gegen ein noch zu langes, stellenweise nicht zu kühles,
mehrmals wiederholtes *Jetzt!,*
ganz erwartungsgemäß
ein jeder Schneise, jedem Luftloch
zusprechender schwarzer Raum.

Bleib still oder wirf dir einen Umhang
aus Fenstersaum- oder ausgedampftem
Bergkettenblau
über die Schultern,
faltenlos, also vielfach entfaltet,
mit vertrautem Gewicht und Lust
auf festeren Stoff,
wenn du etwas sagen willst.
Wenn du etwas sagst,
ein wenig zurückfallend mit Konturen,
die deine Umgebung leicht touchieren –
kannst du diesen Augenblick fortsetzen.
Wirst wühlen und hacken, ins Träumen dich bücken,
die Finger beugen,
Zerbrechliches betasten:

Ja newim = nemidanam = ich weiß nicht,
was ich verliere, doch Wind frischt auf,
sobald ich selbst
die Luft repräsentiere.

2

Du wirst hellhörig.
Deine Handlung ist einfach,
du trägst wenig bei dir,
so gut eingepasst in deine Auflösungserscheinung:
Sprich über die Verbindung von Schwarz und Blau,
über das Nebeneinander von Knisterhüllen, Klangfarben, Flüstersprachen.

Schon vier Uhr?

Zu welchem Rhythmus unbewegt bleiben?
Welche Ecken runden, welche Stellen betupfen?

Im Mund das Wort Pneuma,
Pneuma, mit Serien von anderen Lauten,
die auf ihren Ausruf warten, auf den einfachen Sog der Stimme,
dehnbar wie durch enge Spirallinien
geführter Schlaf.

Jemand sagt:
Ich mische die Farben so, dass ich auch bei geringem Licht malen kann.
Es gibt ein paar Dinge, die mir aufs Neue gefallen:
drei Finger zusammenführen, die restlichen zwei
freischwebend halten,
leicht gebeugt.
Trotzdem:
Die Hand sehen heißt, ihr fern zu sein.

Du hörst Bewegungen, die fast deine hätten sein können.
Ein anderer hat sie ausgeführt,
dann verschwinden lassen.

3

Was kann einer Reihung von Ereignissen noch entsprechen?
Stillem Dulden nach beschleunigter Atmung?
Die erfrischende Wirkung,
die eine seitlich durchscheinende, plötzlich
vom Luftraum Notiz nehmende Nutzfläche entfaltet?
Kein stichfestes Dort, eher weitergedacht,
mit von Büschen geschütztem Geschrei,
verschobenen Farben,
verwischt bis zu den Balkonen am Rand.

Die Wohnquartiere brauchen schneller Fenster, Fenster in Fenster,
die sie glaubwürdig,
wie Vögel, loslassen können.
Wenn sie schon die Rolle von Wolken spielen.

4

Wie du siehst, hat mitten im Sprechen die weitere
Umgebung begonnen.

Und eine größere rotierende Südfrucht stürzt, ja, sie
schätzt es zu trudeln,
(ein Strömungsabriss? Schon in den Bergen?)
um alles mitzunehmen, was du siehst:
Fruchtfleisch, Schale, alle kreiselnden, ausgespuckten
Kerne ...
In den Stausee, Simssee, Schrecksee, Schausee ...
ein Mittagessen wäre zu groß,
ein Hunger zu klein,
schon im Warten auf Reis
gingen Details verloren.
Wie ein Plauderton bei einem unermesslichen Schritt.
Schwung und Schatten verschieben sich am Rand des
Blickfelds.

Eugenio Montale sagt: Zu spät –
du kannst nicht mehr
du sein! Von der Palme fällt die Maus . . .

5

Ein sachtes Ausblenden und Wiedereinblenden jetzt,
sagen wir, deines Körpers, auch gegen das Fünf-Uhr-
Nachmittagslicht betrachtet:
Keine Versperrung, eher ein schwarzer Raum.
So gegenwärtig, dass du ihm etwas vorsummen kannst,
mit Worten wie:
So musste es kommen.
So habe ich den Arm zum Mund erhoben.
Mund? Jetzt bin ich der neue Mund.

6

Ab und an bewegt Vorauseilendes die Lippen.
Um sie wieder frisch zu machen.
Obwohl alles eigentlich schon geschafft sein könnte.
Auch ohne Trinkglas und weiträumige Formulierungen
wie: Wildesel folgt
Wildziegenbock
– jetzt bitte nur noch nähere Tiere einwerfen,
die passenden Schatten und Blumen, –
das Menschenmögliche,
das Menschenmögliche begnügt sich nicht
mit silbrigen Teilchen,
flirrend bis behäbig schwebend –
wie winzigste Brötchen
vor den Knien.

7

Was immer auch dem Körper zustehen mag,
ob ein Ächzen, Knacken, Streicheln – oder eine Vibration bis zu den Zehennägeln,
ausgelöst von unausgeschöpfter Liebe
oder einem Gerät unter den Füßen,
von einem perlklaren Niesstoß,
als gestraffter Zickzack eines entlockten Nichts,
der außerhalb der zufälligen Anordnung
von knisternden Hüllen
und weiteren
Klangfarben überdauert:
Es folgt mit Leichtigkeit
Ein *Vorher noch,* ein *Nachher noch* im *Noch vor Kurzem,*
mit Nachdruck hervorgebracht.

8

Du scheinst an alles gedacht zu haben . . .

. . . an aussickernden Joghurt,

Ruhe einer Arbeit,

trägen Zerfall und klare Trennungen, an Dinge, die sich in sich
verzehren
und für kurze Zeit aufgeben können . . .

. . . und vielleicht daran,
dass manchmal
das Bewegliche an deiner Erscheinung
am allerlangsamsten
vom Horizont kommt,
wie Moabads Sohn,
Herr über das Land Ma'h,
mehr Ding
als Punkt,
der umstandslos akzeptiert,
kein *Nichts-wie-hinaus-bis-ans-Feuer-Typ* zu sein,
auch nicht jemand,
der wie durch Zufall
in einem Sonnenstrahl zu stehen kommt,
bis die Augen schmerzen. Fertig, aus.

Unerwartete Stille. Ha!

Einmal noch warten.
Auf ein freigelegtes Knotensystem aus Lauten.

Jetzt wächst eine Überlegenheit.
Mit dem Finger über die Lippen streichen. Etwas Atemluft
dagegen blasen.

9

Der unbekannte Augenblick wechselt zum Trippeln des
Nachmittagslichts,
mit verbogenen Zweigen zu Tee und Obst,
während das Verfertigen neuer Gedanken
wie zu einem Duft von Melonen
verlangsamt –

und Asghar,

der Samowarbauer,

kann diese Pause nutzen –
um zu zeigen, wie man
innere Geräusche macht.
Er hatte noch nie jemanden,
denn schon sich selbst,
sein Tänzeln und Fuchteln,
hat er nur
mit Mühe erschaffen.
Seine Stimme kannst du aber nicht wiederfinden.
Er ist selbst davon überrascht, dass er nicht redet.
Wischt mit einem Lappen nur
das Nötigste.
Zieht sich um sein Kupfer zusammen.
Dann um sich. Und geht
nach Tabriz ab.

10

Es gibt immer einen Grund dafür,
noch mit losen Knöcheln im Voraus zu planen.
Um schon drinnen eine schwindende Figur zu sein.
So schnell am Kopf vorbei.
Nun aber sinkt die Sonne tatsächlich.
Sie hat wirklich nichts von einem Vogel.
Es hilft kein anderer Betrachtungswinkel,
um den Spieß umzudrehen.

Von
der Palme

Gäbe es jetzt Raum für Erschütterung,
sie käme wie immer unvorbereitet.
Auch wenn sie minimal oder selbstverständlich erschiene.
Wie die Blüten, die es
im Frühling gibt.

fällt
die Maus

Du müsstest jetzt Sachen wissen,
wo genau nun die Beine sind.
Wo Faserwerk, Muskel, der Beifall
von schlagenden Autotüren.
Ein Grünschimmer wird kurz zurückgepfiffen.
Und Rechtsfuß, Linksfuß,
Umfallendes, splitterndes Unsichtbares
schiebt sich flach ins Kühne, ein Kräuseln von etwas
will Anweisungen geben,
mit Ästen darüber, mit Schaufel dahinter.
Nein, so einer ist er nicht – wer hat das gesagt?
Du gehst einmal ums Haus, bis zur Mitte des Gartens,
oder weiter

über die Ameisennester hinaus.

Fehler im Traum VII

Diesige Ruhe:
kein schnelles Wegklopfen oder Einfügen jetzt, –
von den Knöpfen am Hemd –
hebst du mit dem Daumen
ein Schimmern ab,
während du sagst:
Dieser leichte Vorsprung, – dieser weißliche Spalt,
ist auch als Ferne vorhanden,
mit gewölbtem,
dann fallendem STOFF.
Für eine Gardine? Nein, keine GARDINE,
kein Wehen in DIESER-EINEN-SITUATION,
nur Lichteinfall
mit Sinn für Gefieder –
MATERIE –

Diesige Ruhe.
Jetzt Zeitfenster
mit Beweggrund, Tastsinn,
Handlungsstrang,

alles soll schimmern bis es elastisch klingt –
nach Wange, Butter, Vase, Finger, Terrassenwand –
wie du anfingst, wirst du bleiben –
ich gehe mit Vater und Onkel,
mit Onkel und Schwester
gleich in den schönen Sa'ii Park.
Fälschlich hat ein Büro zu blühen begonnen,
die Sprache scheint
nach Dünger zu riechen,
Kaltluft mischt sich
in die Entfernung vom Wort,
und Gärtner bringen
das Herumhauen auf Schreib-
maschinen in ihre Gewalt.
Das gibt mir Form.
Das gibt mir Flüstern.
Halssehnenzug bis zur Zunge,
es fehlen nur
bessere Ausweichorte,
Flechtlinien, Tabak und getippte Sätze
wie *Mach dich gefasst*
auf Druckstellen unter gedehnten Wolken,
die Natur liegt eine Weile
in der Bewegung,
ich lenke meine Schritte,
die Gesten sind flügge,
sie zielen genau
auf Geschiebe, Gedränge
unter verschiedenen Ästen,
auf Steinstaub und den Blick hinauf.

Aufwärts, abwärts, aufwärts –
durch Lärchenwälder,
schlafnahe Flimmerfelder,
durch Sag-mir-wie-du-heißt-und-ich-sage-dir-Felder,

kein Missverständnis, kein Missverhältnis,
zwischen sesshaften Gärten
und langsam beschleunigten
Wüstenstrichen –
bäumen also,
pressen also,
stampfen und weiterblinzeln,
am Ende etwas kneten –
irgendwo
niederkritzeln.

Von Zeitlassen sprechen,
von reglosem Schaum, Warten im Wirbel.
Eine eigene Bewegung wählen,
murmeln, kurz in Betrachtung versinken.
Ein inneres Brummen nach außen verdichten
und sagen: Ich gehe. Ich gehe
und nehme die Treppe.

Ein Grünton entsteht.
In Obhut eines Schimmers.
Eine Fläche dringt weiter ins Helle:
Lichter wechseln Kreise, durchqueren die Luft.

Ich unterbreche den Fluss der Klänge.
Warte, wiederhole,
in einer dem Grünton gemäßen Weise:
Die Treppen runter und raus!

Was kommt nun in Betracht?
Eine kreisende Armbewegung?
Soll ich schon langsam in mein Wesen hinein?
Immer wieder verändere ich
meine Konturen – verzerre ich sie? –,
um zwischen vorne und dem Rücken
eine Empfindung von Tiefe zu erzeugen.

Ich meine, es könnte doch ruhig die Gewissheit folgen,
dass ich gehe. *Drauflos*, sage ich.

Ein Regenschauer leuchtet gleich:
Ach, achte auf das, was du sagst . . .
die Luft riecht nach Schwenkkartoffeln,
schafft Raum
für Röstzwiebeln,
einen anderen Kern des Geschehens.

Ich knöpfe die Ärmel zu.
Wiederhole: Die Treppen runter und raus.
Gleich zieht sich eine Straße in die Länge.

Mein Hemd aber bleibt ganz bei sich.
So spüre ich's gern seitlich vom Hals,
erblicke Bewegung aus runden Broten heraus:
Busse werden kreiselnd von mir weggetrieben,
manchmal wie in der Art eines Fuchsschwanzes verwachsen.

Die Fahrspur macht als Garten weiter.
Lässt sich dort länger als Umgebung halten.
Mit Löffelgeklirr, Eierschlagen, tack-tack …
bis zu einem Fußweg zu Farben und Stangen.
Dieser Richtungswechsel – soll er vergeudet werden?
Nur um Ängste zwischen Bäumen
und Beet zu zerstreuen?
Ich atme langsam,
als ruhte ich in einer Talmulde,
die in einer Zeit vor mir
taufeucht unter einer Schneezone lag.

Vieles kommt an einem Tag zusammen,
immer dickflüssigere Farben
münden in eine Lust des Mischens,
gleich zu stark, um nur opak zu sein.

Es tut jetzt gut, einen Schatten zu werfen.

Gestalten werden gesichtet und gleich überliefert.
Manche leichter als Motten,
eine bereit für feste Konturen –
Schwesters Mutter? Nein, eine Cousine.
Sie wäscht sich die Füße, drückt sie,
dreht sie, und ich moduliere meine Stimme,

baue Nähe auf:
Sie lenkt das Gespräch
weg von den Zehen
auf weiter draußen:

Felder erscheinen, Brachen, Roggen, Hirse, Stroh,
ich will Sätze ergänzen mit Worten wie
Die Fersen müssen noch sauberer werden
fürs Zeitgefühl und die nächsten Füße:

Mein Vater presste mich an sich.
Es folgten Geräusche, die Stoffe erzeugen,
ein gewelltes, vom Zufall entfaltetes
Aha-Ach-ja . . .

Manchmal muss alles ein Berghang regeln:
letzte Minuten.
Für eine schärfere Unterscheidung
zwischen Sonne, Regen und Schnee.

Ich wünsche mit Nachdruck mein Gangbild zu sehen
und wie ich es auf andere vorbereite.
Auch auf jenes der Cousine.
Soll ich sie alle übereinanderlegen
und kurz stehen bleiben

. . . am Bürogebäude: Schießt
mir durch den Kopf,
irgendwo am Nacken wird getippt.
Ich reiße etwas ab.
Von meinem letzten Gesicht.

Manchmal schärfe ich zufällig den Blick
aufs Allgemeine und aus Beiläufigkeit entsteht Substanz:

Sie dehnt sich durch freigesetzte Energie aus,
bricht zusammen und vibriert,
wodurch die klare Luft die vorderen Ecken einiger Häuser
scharf herausschneidet – genauso wie ich dachte.

Bald Abend.

Bald das Hemd wieder orange.
Es tut gut, einen Schatten zu werfen,
einen länglichen Fleck,
von dem ich komme,

um einen Ton
in mich hineinzubringen.

Ich
vorb
Veräste

gehe

ei an

elungen

Jeder Blickpunkt ist die Spitze einer umgekehrten Pyramide, deren Basis unbestimmbar ist.

Fernando Pessoa

Von Ermessen reden.
Von Gebärden am Ende des Ruhegebens.
Vor sich hinmurmeln: Was geschehen ist, war zu erwarten.
Sich ausspannen, doch in Ereignisnähe bleiben,
drinnen und draußen,
in Ereignisnähe, welche den Zufall hervorruft.

Es gibt einvernehmliche Aussagen, die Dinge binden,
ohne sie gleich glattzustreifen:
Schlaf haben, Hamburg im April und eine Reihe von Stummelfußwolken.

Stummelfußwolken. Ohne Anzeichen von Kruste und Schwäche.
Lassen Rupturen in Blauorange erwarten, sich von Sprache gestalten.
Es gibt eingeschobene Äußerungen wie: Die Vorhut der Nacht ...
Oder: Mein Vater war nicht laut genug ...

Noch verstehe ich nicht.
Ich muss anschaulich sprechen.
Als ich den Hafen zum ersten Mal sah, blieb ich stehen und betrachtete
ihn lange,
und die Bindung der Schiffe an den Verlauf figürlicher Gedanken,
die in Strudeln untertauchen konnten.
Das Unvorstellbare nähert sich dem Schwimmen,
wie Kerbala Calberlah,
wie Zischlaute der Fischhalle,
und schaukelt leicht, von mir aus gesehen südlich,
vor drei bis vier Gasflammen.
Spüre ich Folgen, trete ich zurück.

Das Wort Schilderung beschäftigt mich jetzt.
Jammerschade, als ich hier ankam, als ich hier ankam,
konnte ich nicht unverblümt sagen,
ich gehe nach vorn und ziehe ein wenig,
weil alles so ist, wie es sein müsste.

Ich lasse Vorsicht walten, beginne mit den Fragen:
Können meine Hände über ihr Gesehensein hinaus *Wirklichkeit*
beanspruchen?
Mit Übergängen bis hin zum Knicklaut oder
Halbfingerhandschuh?
Oder hadern sie noch mit abgelebten Abständen zwischen
den Knöcheln?

Ich muss alles schneller denken –
Bäume, Buschglanz, Baukonturen,
Blühstreifen wie Querrippen, mit wenig Brust –
was durchdringt was?
Können Vögel trotzdem auf Dachrinnen sitzen,
schon früher das Thema des Flatterflugs wechseln,
nachdem alles aus mir heraus ist?
Lässt sich der Widerstandsgrad dieses Augenblicks messen?
Wolke verjüngt Stummelfußwolke –
die Flugoption einer Riesenstabwolke –
erlöst sie vom Geduldspiel der Weißstellen mit Blauorange.

Es hat alles Zeit gekostet.
Doch, doch, vieles spricht dafür und nichts dagegen,
mit Stimmenmehrheit um meinen Hals herum.

Kann ich meinen Namen vor seiner Zuflüsterung schützen
oder kommt er mir irgendwann zum Mund heraus?

Immer schneller schildere ich –
will sagen: Auch der Gewitterschauer ist ausdrücklich vom
  Klang her bestimmt.
Und meine Schulter:
Beidseits mit meinen Schattenseiten ganz außer mir.

Ich lasse mich nicht ablenken von Sätzen wie:
Es kommen vom Tag losgetrennte Zeiten,
die sich in meine Schritte einspielen lassen.

Gleich bin ich still.
Oder nicht mehr laut genug.
Meine Arme werde sich in einer flachen Scheibe erstrecken
und einen ersten Eindruck von Ankunft vermitteln.

Das war zu erwarten.
Nichts wird mehr verändert.

Und der Ohrrandbogen?
Verschwindet im Ohrrandbogen.

Ich gehe vorbei an Verästelungen,
die an ihrer Schauseite bald enden müssten.

Wenn ich mich umdrehe, sehe ich Hügelkamm,
Baumkronenwellen, die an manchen Punkten
kleine Handschuhe tragen.

Ich sollte etwas tun, um wieder vorn aus dem Haus zu kommen,
nach oben zu schauen und sichtbarer in den Wald zu gehen.

Mitten im Gehen beginne ich vorerst als Nachbar zu erscheinen.
Ob wohl die Ausläufer des Nachbarseins
sich in Kürze verflüchtigen werden?

Bald kann ich sagen: Dort hinten wohne ich.
Von dort fahre ich zur Arbeit oder gehe zum Kiosk.
Von dort, zwischen der linken Einfahrt und dem grauen Mast.

Die Entfernung wächst,
der Abstand zu Zusammenhängen,
die sich von Bäumen, Hecken und einem weißen Transporter
verdecken lassen.

Bisweilen habe ich schon Schnee in den Achselhöhlen.
Man könnte meinen, dass ich nicht genug mitgenommen habe.

Anstelle meines Namens trage ich feine Punktierungen,
die durch Vektoren, Striche oder gezähnte Ränder
ergänzt werden.

Viel fehlt allerdings nicht, um genau das zu tun, was jetzt geschieht.
Schließlich strenge ich mich an, jemand zu sein,
der an diesem Tag in den Wald geht.

Es ist gut, dass die Lippen zusammenpassen.
Fast wie die Schuhe.

Es ist auch schön, den Mund zu öffnen und wieder zu schließen.

Ich fühle mich an meine Schritte erinnert.

Vielleicht sollte ich schon einmal Zufriedenheit ausstrahlen
oder frei heraus
Anerkennung verdienen.

Und mich satt sprechen.
An Worten wie *dort vorne, hier unten, links, im Wald . . .*
Die Luft bleibt temperiert bis ans Gesicht.
Eindeutig kann ich sagen: Ich spüre die Luftbewegung
in verschiedenen Intensitäten.
Manchmal fällt mir aber ein, dass sie mir nur über die Wangen streicht,
wenn ich den Kopf ein wenig drehe.

Mitten im Bücken
bin ich auf meinen Namen gestoßen wie aus dem Nichts.
Beruhige mich bis zum Boden.
Dann hebe ich die Arme und muss festlegen, wo ich bin.

Jetzt duftet etwas.
Zögert zwischen Nadelbäumen.
Möglicherweise bin ich schon weit in den Wald hineingegangen.

Von Entstammen reden,
von *Arme entwickeln, Beine entwickeln,*
mit Ausdauer, Schallprobe, Formannehmen.

Aber was bedeutet dann:
Ich sitze hier und schaue aus dem Fenster?
Oder: *Ich sitze mit einer Schulter fast im Regen?*
Du hast doch manchmal an der Mariza gesessen und Steine
geworfen.
Warum ist *Ich saß hinten im Auto auf einem Ast*
selten ein eindringlicher Satz?

Dein Schatten hat ständig Zugang zu dir,
doch die Hände bleiben blass und ausdruckslos.

Wärst du gegangen,
hättest du dich leicht aufs Fernsein verstanden,
eine Weile gebrummt,
ins Verschwinden gefügt als kaum noch erkennbarer Punkt.

Ein Blick, ein Treffer.
Du schaust aus dem Fenster –
zunächst auf alles, was sich gegenseitig antippt,
um sicherzugehen, dass es auch draußen etwas anderes ist.

Dein Fuß lässt sich beim Heben und Senken beobachten,
nicht fortgerissen durch Lautstarkes wie:
Der kaspische Tiger ist ausgestorben, die Rohrkatze nicht.
Die Fähe nicht. Egal zu welcher Jahreszeit. Du spreizt die Finger.
Auch mitten im Novemberregen.
Davon lebt jetzt der Gedanke.
Du lauschst in der Stille, die du selber bist.

Die Hände vor dir blass und ausdruckslos,
wo doch die Weite zwischen ihnen nicht enden will.

Du sagst: Als Kind. Hörte ich meine Stimme
in einem anderen Licht.
Und manch ein Schattenschatten war ein Kindeskind.

Du schaust aus dem Fenster.
Ganz genau hier:
Bist du zusehends in Farben zerfallen,
was dem Vergangenen nun genügen könnte,
wäre da nicht der Blick,
den du aus anderen Zimmern holst.

Sag: Liebes, altes Auge,
blickst du aus der Ferne oder eher weit?
Die Landschaft braucht Zeit, um sich wieder zusammenzufügen.
Du wirst dich langsam entscheiden müssen.
Du und deine Netzhautkrümmung
seid nicht für jede Nachsicht gemacht.

Beachte den Abstand der Bäume zum Anschein des Unmittelbaren,
die Entfernung, die aus eigenem Antrieb schwankt:
Sie kann Ersatz für Landstriche finden,
die hinausgeschobene Szene mit Gewitter und Gras.

Es gibt schon Tagesreisen mit Überraschungslicht.
Zwischen Pappel und Rücken,
zwischen Birke und Brust.

In jedem deiner Schatten steckt etwas von dir.
Erst weiter draußen wirst du derselbe wie vorhin sein.
Die Hände sind immer noch da,
wie für dich gemacht und ausgewachsen.

Du kamst hierher, um dich hinzusetzen.
Um jene Hände zu sehen, die du verlassen –
flugtaugliche knochige Massen.
Warum hätte es anders kommen sollen?

Du musst arbeiten.
Du musst arbeiten und sichtbarer
Arme entwickeln,
Beine entwickeln.

Am Fensterglas sprechen,
ein größeres Zimmer im selben Zimmer wähnen,
probeweise Strümpfe werfen,
Schuhe werfen,
doch irgendeine Hose anbehalten,
zu irgendeinem Hemd.
Sich hineinziehen lassen in diese Vermutung, bis zur Tür.
Ohne Angabe von weiteren seitlichen Dingen,
frei heraus lehnen,
unbestimmt warten,
mit kurz gehaltenem Obachtgeben.

Klares Herausfischen dieser Szene durch die Augen erzwingen,
Beobachtungsgabe mit der nächsten Schaulust verquicken.
Genau jetzt sich kämmen.
Genau jetzt eine Stelle am Finger entdecken.

Tatsächlich geht es aber immer weiter in die Höhe.
Mit kleinsten Großen Pechlibellen, also mit Präzision.
Ein Luftsprung gelingt mitunter.
Stellt sich quer als Dachrinnenschimmer,

obwohl:
Dieser vorgreifende Moment stimmt und stürmt noch überein
mit Einleben oder Einquartieren.

Das Gesicht muss noch kalt sein. Ach ja?

Eine Landschaft prescht ganz schön vor,
war tagelang drinnen, sehr weit drinnen,
will den Luftsprung überholen,
Luft schnappen als freier Fall.

Zielstrebigkeit müsste folgen,
Buchenlaubwacholder, der vordringlich
auf Sprühregen setzt.

Das Gesicht muss noch kalt sein.
Das Gesicht bleibt wehrlos. Trotz Nasenspitze.
Wenn es die nächste Ähnlichkeit mit mir erreicht.

Ich erfahre Details.
Über den Handrückenschimmer im Sonnenlicht.
Beuge ich den Daumen, kratz ich an einem Fleck
und vernehme unverhofft die Herbsttagsstille.

Verschweigt mich gerade etwas, ohne dass ich davon weiß?

Jetzt führt die Treppe mitten durchs Fenster,
alles hält sich im Rahmen auf gut Glück,
eine Kletterpartie kommt stufenweise heller,
erkennt mich an den Lippen, an beiden Wangen.
Es heißt,
nicht lange,

dann habe ich meinen Schatten an fast fertiger Stelle.

Und die Hände passen immer schneller zusammen,
die spärlichen Kräfte,
die leichteren Gelenke,
flatternd im Garten, auch am Ohr des Nachbarn,

wie am Gehölzrandknick.

Ein Ü bleibt hängen und sucht die Nähe zum Wort

1.

Die Mutter. Versucht zu zeigen, was geschieht.
Sie geht schnell.
Am Rand der Felder.
Von waldigem Nebenher muss noch keine Rede sein.
Die Mutter und die Hügelhänge und die Faltungen dann hinter den Feldern.

Ein Ü bleibt hängen und sucht die Nähe zum Wort.
Es ist mit der Mutter fast bei den ersten Häusern des Dorfes angekommen.
Langes, graugrünes Gras.

Von Murmeln überlagertes Taumeln, Flechtwerk und Kupfer,
ein Sprechgefühl mit lehnenden Stäben,
die platzende Randnaht aus Schnauze und Tatze
übernehmen die Arbeit.

Die Mutter setzt ihren Weg fort.
Sie betrachtet etwas an ihrer Hand.

Hinter dem leicht gesenkten Kopf scheinen Farben auf,
bei näherem Hinsehen viele, die auch sie
vor Augen hat.
Sie lassen sich mit Luftschwingungen glasieren.

Abwarten, was kommt
und an einem Tag sich selbst verkörpert, dreht und krümmt.
Im Beisein der Streuwiesen.

Wie es den Vögeln gelingt, rechts und links und hinter der gehenden Mutter,
die bergige Ferne, die gefestigten Linien dort
gegen das Bild des Dauerflugs auszuspielen.

Noch gut zu erkennen, wie sich
die Mutter bewegt.
Ihr Gehen fügt sich der Distanz.
Es kann sich lange um einen Spaziergang handeln.

Sie wird noch Schultern haben,
Lichtflecktaschen.
Einen winzigen Hals.
Kaum Füße.
Die Gesichtshaut ist verschwunden.
Auch das,
was sie selber sagt.

Die Beine schmelzen an der Mutter.
Sie wird bald nur ein Punkt sein.
Ein Punkt, der sich verwischen lässt.
Hin zu den Gärten und Häusern,
ohne anstelle des Wegs aufhören zu müssen.

2.

Bäume und Sträucher habe jetzt ihren Vorsommer.
Kleine Vögel am selben Tag, geringe Eingriffe in die Luft,
vor blaugrünem Hintergrund.

Welcher Sichtweite sich anschließen? Welchem Zeitverlieren?

Der Punkt ist weitergewandert,
strengt sich an, stehen zu bleiben.

Weiter vorn
sinkt eine Hälfte der Dorfschule ein,
ein baumnahes Herumgetappe, das kein Aufscheinen hegt,
kein *Das da dort muss es sein.*

Sonne und Wolke wieder einleuchtend jetzt.
Wie sie da hängen und sich erwärmen lassen.

Die Ausschau gründet sich am Schluss auf das Ausgesparte,
auf Feldgehölz,
gehegte Furchen.

An federleichten Krallen wegführende Worte.
Wie Bruchmoos, Quellmoos, schmelzende Beine.
Ein Stottern mit Klangfarbenberührung.
Reicht leicht über den Mund.
Sucht Anschluss an Stellen, wo es gefunden werden kann.

Wegführende Worte, die das Gehen zur Strecke bringen.

Das Wechselspiel zwischen Wischbewegung und Sichtbarmachen
lenkt die Aufmerksamkeit auf das,
was noch im Gelände ist:
Sumpfkirschenstellen und das eigene Befinden.

Der Dorfrand verschluckt den letzten Schritt.

Ein Trillern in der Ferne.

Mit silbennah geführten Helligkeiten.
Ein restliches Ü.

In solchen Momenten
auf das eigene Gesicht nicht verzichten, Fürsprache schüren,

die Lippen formen.

Nach Hoyer

Bevor sie wieder Wörter unter Wörtern sind.

Sonne und Stunde rücken zusammen,
winddurchlässiges Zeitverlieren,
Konturensperre – wir müssten uns gleich
in Bewegung setzen,
wenn einer von uns klopft oder
schnelle Schritte verspricht.

Der Sprachklang schließt auf zum Nacken,
sucht Nähe zum Rachen.
Und es ist der Boden, der ans
Gewölbe der Füße rührt.

Ich wünsche mir mehr Zeit
für die Wörter *Stromhäuschen* und
Trafostation.
Ich wünsche mir Ziele,
die aufscheinen und Fortgänge bündeln,
bevor sie sich
mit Fernsicht verbünden.

Wir sind draußen.
Mit dem Mundraum an die Zukunft gebunden.

Niemand kann jetzt behaupten,
dass wir nichts von uns
in unseren Schatten lassen.

Sonne und Stunde rücken zusammen.
Für das, was sich abmüht,
eine Gegend zu sein –
Himmel, Queller, Hummel und Raps.

Wir sind draußen.
Mit Wörtern, die Widerhall auf der Zunge suchen:
Stromhäuschen, Trafostation. Genau diese.

Noch frisch ist die Erinnerung an unscharfe Ränder.
An das, was sich
in der Nähe aufwiegt,
unser Schauen
vom Blick entbindet,
mit einschießendem Knirschschritt
ins vage Terrain.

Ich mache jetzt einen Laut.
Um lange ein Auge darauf zu werfen.

Meine Fahrt mäßigt mich. Um mich zu erinnern. Wie die Stadt
warte ich auf den Ausgleich zwischen Herumstreifen,
Anschrift
und Formannehmen.

Manche Häuser lassen weder Flucht noch Fenster fallen
und ziehen nach links. Ich denke mir ein Gemurmel aus.
Zu wechselnden, im äußeren Schein sich stauenden Farben,
und mache einen Anfang, umrunde den See.

Rötliche Knoten werden wie Beeren in die Büsche gezogen,
in seitlich schimmernde Dunkelheiten –
gleichauf Gerüttel und Spuren von Dunst.

Heute, will ich sagen, aufs Geratewohl,
zu vorgestreckten Armen im Moment des Halts.
Ich höre auf das Licht. Das könnte mir helfen,
die Minuten zu verbinden, den Namen zu finden,
der sich Zeit mit dem Erklingen lässt.

Das Wort Hand verschwindet anstelle der Hand, und mein
Gesicht
holt sich seinen Mund vom Wind in den Augen.

Die Wolken am Himmel suchen die nächsten Tiere
unbestimmten Alters.
Ein flächiger, stellenweise noch wirbelnder Ton:
Lebt wohl, Schnurren, ihr Hunde und Schnucken, mit Esels-
und Spinnenresten, auf hellorangeleichten Blattspitzengruppen!

Ein Abschied mit Fellrand, den ich mit den Fingerspitzen
nachfahren kann.
Wer hat mich betäubt und selbstvergessen mein Pfeifen
übernommen?

Ich mache nicht mit oder ich mache mit.
Habe noch viel von meinem letzten Gesicht.
Brauche die Hand, mit violetten Adern zwischen Wort und
Erscheinung –
in welcher Gunst die Füße? Probiere immer kleinere an.

Moment mal, soll ich jetzt wirklich sagen, wie es hier von
dort aus ist?

Ich fuhr doch geradewegs um den See herum.
Die Visionen kamen zu spät.
*Kein Knickidyll, kein gelbes Landratsamt, nur hohe Kastanien
im Erlenkamp.*

Ich setze Kräfte ein, Ansporn und Reet, ein angedeutetes
Hinaus-und-weiter
im verwackelten Bild.

Der See hebt sich als Wort hervor.
Bis ins leuchtende Unbewegte.
Der Blick versucht ein freigelegtes Geräusch zu sein –
weg von der Mitte zu den nächsten Silhouetten,
die von Schatten und Grellem befestigt werden.

ICH GEHE VORBEI AN VERÄSTELUNGEN

Harmlo

osigkeit

Ich sehe Staubpartikel,
das Ineinanderspiel ihrer
Fluchtkaskaden,
ihr verschwebtes Gekritzel.
Ich sollte jetzt Übertreibungen vermeiden.
Also Worte wie: *schmerzliche*
Überraschung, letzte Gewissheit
oder *Backblech*
gefettet mit Schmalz.
Die grüne Zimmerwand schimmert.
Ich bemerke das Wort *schimmern.*
Es zielt in ein ungesäumtes Feld.
Mit schnellem Übertritt
in meine eigene
Harmlosigkeit.
Ich studiere sie,
drehe sie um zu einer Ideenquelle,
wie Grausames, das gleich äußerste Milde ist,
nach minimaler Verschiebung,
Milde, mitunter als Fahrgeräuschferne,
das ungefähre Gerinnsel darin.

Ich bin harmlos,
bewege horchend die Lippen,
rede von einer
leichten Sache.

Es kann zurzeit keinen Genuss
am Verstummen geben,
es fehlen Anlass und Raum,
ein fügsames Erschrecken,
zum Beispiel neben Farn.

Ich ändere meine Ansicht,
versuch's mit Gemurmel
und schließe die Augen,
schaue unter Druck:

Es muss eine andere Planung geben,

ein verdünntes, luftiges
Umhimmelswillen,
ein ruhiges,
bewegt mit meinem Atem,

Umhimmelswillen – nichts
wie in die Lunge hinein
und wieder langsam hinaus.

Schnee, Wind. Und der Blick
aus dem Fenster will noch
eine weitere
Aussage treffen.
Es geht jetzt um Betonung
eines Satzes wie
Ich führe den Daumen an die Fingerspitze.
Inmitten ganz anderer
Gedanken,
die den Stellenwert von Wolken
neben Geäst berühren,
den Stellenwert eines
links oben harrenden
Über-Hecken-und-Köpfe-hinweg.

Ich drehe mich vom Fenster weg.
Habe hinausgeschaut
aus schnell vergessenen Gründen.
Auch kein taufeuchter,
langsam trocknender
Hibiskus mehr.
Ich lasse das Zurückgreifen auf dieses Bild.
Ohne zu wissen,
was diese Abkehr jetzt bezwecken soll –
schaue stattdessen meine Hände an.
Leicht zu sagen: Sie liegen herum –
eingebunden in Streulicht,
obwohl sie außer sich
nichts Sichtbares
hinterlassen.
Ich will mich in sie hineinversetzen
und von unten,
über Hals und Kinn,
mein Gesicht betrachten

und warten.

Ich bin harmlos und sitze im Streulicht.

Ich hebe den Kopf aus der Hand.
An der Hand ist nichts auszusetzen.
Wenn ich sie liegen lasse,
bleibt meine Stimme

wie aus der Luft gegriffen.

HARMLOSIGKEIT

D
Vogelk

er
nochen

Wir bilden Sätze:

Wir formen die Lippen.

Wir treten aus dem Garten.

Ausschnitte von Bäumen werden größer.

Nehmen sich Zeit von oben.

Mit weißstreifigem Zuspruch, auch für die Ergänzung,
Lücke für Mut zu Fichten zu sein.

Erleichterung spricht uns aus einem Lichtfleck an der Schulter.

Halbkreise, Kehrseiten haben wir im Rücken.

Vereinzelt Verwelktes.

Gesichter mit Flug- und Schwirrverhalten.

Werden wir schon lauter?

Haben wir Umgang mit Sachen und freuen wir uns?

In unseren Lungen leichter Aufprall von Dingen,

die soeben wie Zapfen an Ästen hingen, nah am Geräusch:

Reste eines Ausrufs, in kleinen Sprüngen.

Wir bilden Sätze, formen die Lippen, haken nach:

Wie oft wir noch Schwung kriegen müssen,
um genau die Leute zu sein,
die vorhin ganz hinten im Garten waren.

Wir schwanken zwischen Auftrag, Szene und Wunsch:

Sodass wir mit Leichtigkeit die Haare zurückstreifen,

den Kopf senken.

Es reicht vielleicht, einen Eindruck zu gewinnen,
nur einen Bruchteil der Hand zu betrachten.

Nach vorne hin fühlen wir uns an unsere Arme erinnert:

Auch Mangel will einen Platz einnehmen,
Rottöne haben,

mit Grüntönen etwas anderes sagen,

auf kurzen Wegen zu Wortlaut und Stofflichkeit.

Spürbar niedrig die Spannung der Straßennamen.

Fahrgeräusche besehen die Gegend, vor unseren Stimmen.

Was wird die Haut vom Körper lösen?

Dortiges in der Nähe von uns?

Verstummen wir, wenn wir bei einer Arbeit im Zimmer sitzen?

Wir geben unseren Beinen einen Vorsprung bis hinauf in die Brust.

Die Voraussetzung muss sich nicht ändern:
Sie bewegen sich so schnell, dass

Laub durch uns fällt.

Wie viel von mir zu dir?

Ich werde mir über das Gesicht wischen,
mich hinsetzen müssen.

(Ein anderer Anfang:
Ein größerer Abstand zwischen Gesicht und Wischbewegung,
morgen ist Dienstag.)

Ich tausche den Platz mit dem,
der nach mir fragte,
der nichts von mir hörte
und jetzt langsam ermüdet.

(Ich lege mich schlafen. Verstehe allmählich –
nichts wie weiter!)

Ich versuche mir vorzustellen,
dass eine Zeitspanne entsteht,
eine, die mich bald auf die Sitzfläche drückt.

Die Streubreite des Satzes *Du hörst von mir,*
ein Gemurmel mit dünnem Hof –

(Etwas klingt flüssig, nach
erster Erfrischung:
da treibt sie, die Sitzgelegenheit!)

ich beginne Wörter zum Mund zu führen:
Hinauf mit Wind und Gewölk!
Und wieder langsam herunter,
heute ist Dienstag.
Ich werde bestärkt von Staubkristallen –
kleinen vorschwebenden Neuigkeiten
aus anderen zerstobenen
Buchstaben.

(Alles, was ich sage, ist: Ich sitze bald.)

Ich denke an eine Wischbewegung
über gekörntes Gerinnsel.

(Der Stuhl hält die Spur,
nach der ich suchte.)

Ich werde der Sprache,
die ich nicht beherrsche,
noch mehr überlassen,
Fahrgeräusche,
ein Stolpern im Garten,
bis zum Gangbild, ausgelöst
von Worten wie:
Doch, doch, ich sage dir,
es gibt ein dieses
auch von den letzten Malen,

das Räsonieren soll
eine Verkettung von Grüntönen halten,
mit Anschluss an Tisch
und jene Stimme,
die nach mir fragte,
ich spüre die Konzentration
auf kalte Luft:

Es gibt noch Butter,

(Ich beuge mich nach vorn,
ich strecke den Arm . . .)

Butter als beginnenden
Sprechtext,

der ein
langsames
Auspendeln
des Satzes
Du wirst von mir hören
begünstigt.

Neue Arbeit

Ich kann jetzt nicht länger auf Bäume warten,
auf Stimmgemenge, Staublicht, Häuserblock.
Auch nicht auf jemanden,
der drinnen wie weiter draußen
mein Sohn sein könnte
oder sich aufrafft,
einen Riss ins Gefüge zu bringen.
Ich muss mich bewegen.
Ja, ich denke, ich muss mich bewegen,
und murmele: Dann sollte ich mal.

Gleich streife ich die Büsche,
das Blattgrün der mehrseitig balancierten Büsche.
Dort zeigt sich für jene
auf der anderen Seite
bereits mein Kopf,
und ich schließe stellenweise
auch eine Art Begleitmusik nicht aus.

Ich versuche ein Betrachter des
Blattgrüns der Büsche zu bleiben,
mir nichts vorzugeben,
außer mit noch runden
oder schon länglichen Augen,
in denselben Schuhen,
zur neuen Arbeit zu gehen.
Diese Verknüpfung hält an,
wenn die Luft kälter wird
und ein Lichtschein blitzt,
obgleich vorausgeeilte Stimmen meinen,
dass schon eine Woche vergangen
und das nicht alles ist.

Auch ein Geräusch wie von Wasser,
ergänzbar durch ein kleines,
fleckendes Hellorange im Rücken,
stört dieses Vordringen nicht.
Ich denke an den Reiz beweglicher Wolken,
die etwas für die Sonne tun –
für die Räume zwischen Häusern.

Nein, nein, Moment:
Der Weg steigt vor mir auf,
senkt sich wieder –
ich sehe:
Vögel mit wenig Brust,
die flattern statt nur zu gleiten,
und warum es so einfach ist,
vor dem inneren Auge
nicht einzuknicken,
die Gelegenheit zu nutzen,
dort die Blumen und
den Schuhstaub zu gießen,
um dann noch etwas

durchs hohle Innere zu laufen.

Abermals? Abermals was?

Auf Brombeeren schauen.
Auf dicht gesetzte Auslassungspunkte
neben Gitter, Gatter,
kurzgefasstem Tankstellengelb.
Was wird geringer?
Was umreißt, weist
einen leichten Schimmer,
bleibt abgeschnitten von der halben Welt.

Frisches Füllmaterial sucht jetzt der Blick,
eine nicht gestauchte, luftbetonte
Silbenkette statt Bassgesang
einer kleinen Frucht.

Können Wolken über Bäumen
ein Druckmittel sein?
Wie Brise und Blätter,
Passion und nervöse
Beerenfühlung der Scheckenfalter?
Nichts als Wortspiele.

Die Genauigkeit des Bilds
lässt an Ordnung denken,
trotz Zuwachs an Gestrüppbildung.
Vieles unbenannt,
doch nichts aus den Augen lassen,
Ortsgebundenheit
sich zu eigen machen,
Ortsgebundenheit mit Sitzbank und
unwirschem Glockengeläut.
Mitunter konkreter, sehr klug oder traurig
den Bus erwarten.
Am besten sind die nächsten Minuten.
Wo sich eins aus dem anderen ergibt.
Es bleibt ja noch Zeit.
Irgendwo in dieser Straße
muss ein Reststaccato eines Tempos sein,
ein letztes, beherztes Alltagsviolett.

Vielleicht nochmals sagen:
Es bleibt ja noch Zeit,
die Idee folgt der Geste
bis zum übernächsten Atemzug.
Weil nichts so unwichtig ist,
wie sich abzuwenden
und die Schauvorschrift
zu lockern.
Wie sehen wir aus,
wenn wir die Arme
zum Fruchtfleisch strecken?
Wo bleibt der Ärmel hängen,
sobald wir die Luft
anhalten?
Glauben wir an uns
noch im seitlich zerfleddernden Schatten?

Jede Menge Stacheln als Kletterhilfe
für Verästelung im Ungefähren:
Es gibt die Stimmen der
Leute im Gegenlicht,
ein gefasstes, knabberndes Flackern,
und etwas, das sich
nicht offen
ins Blickfeld hebt.

Ich sage: Ein Tag im April,

Tag im April und ein Vogelknochen –
bis hin zu einem sichtlichen Innehalten:
Es dreht sich heute darum,
kleine Dinge neben größere zu setzen.
Und – ein schwieriges Wort zu verwenden,
das nach und nach etwas Leichtes meint.
Ich senke den Blick. Auf den Vogelknochen.
Ich betrachte ihn jetzt.
Als Überbleibsel des Begriffs
Vogel – neben einem Haus, neben einem Baum.
Anbauten, Hecken sind miteinzubeziehen, und Dinge, die Ecken bilden,
Straßen, die zu Hallen führen – ohne viel Federlesens.
Ich denke an die schmale Höhle, die den Knochen durchzieht.
Ich werde mich konzentrieren.
Vor mich hinmurmeln: *Vogelknochen . . .*
Und nach einer Pause kurz ergänzen:
Sehr knapp weiter unten – als die Füße.
Nein, kein Zweig.
Ich hebe den Blick.
Möglicherweise spielende Kinder
an der Grenze des Gesichtsfelds.
Sie lenken ab.
Auch ein leises Zischen lenkt ab.
Eine Art nachlassende Beliebtheit irgendwo.
Zielend auf Namen, die ich nicht kenne.
Oder auf ein Zimmer, das noch
ausgeräumt werden muss.
Mehr erscheint, völlig andere Dinge,
Kranzleiste, Kieselstein, milchiger Schmelz.
Neben Flattern und Spuren von Frost.
Und andere Geräusche folgen,
ein Knirschschritt vielleicht.
Ich kehre dem Knochen den Rücken.
Bin ich schon weitergegangen?
Schmale Höhle bleibt als Gedanke,
und ein Vogel, der
eine Kugelsphäre
langsam im Mund hinterlässt.

DER VOGELKNOCHEN

Farhad Showghi, geboren 1961 in Prag, verbrachte Kindheit und Jugend in der BRD und in Iran. Nach seinem Studium der Humanmedizin in Erlangen lebt und arbeitet er seit 1989 als Psychiater, Psychotherapeut, Autor und Übersetzer in Hamburg. Er veröffentlichte unter anderem die Einzelbände *Die Sekunde ist eine bewohnbare Provinz*, Kulturamt Erlangen 1988, *Die Walnußmaske, durch die ich mich träumend aß*, Rospo 1998, *Ende des Stadtplans*, Urs Engeler Editor 2003, *Die große Entfernung*, Urs Engeler Editor 2008, *In verbrachter Zeit*, kookbooks 2014, und *Wolkenflug spielt Zerreißprobe*, kookbooks 2017, sowie als Übersetzer Ahmad Shamlu: *Blaues Lied. Ausgewählte Gedichte*. Persisch und Deutsch, Urs Engeler Editor 2002. Farhad Showghi erhielt unter anderem Kulturförderpreise für Literatur der Städte Erlangen und Hamburg, den 3-sat-Preis beim Ingeborg-Bachmann-Wettbewerb, den N. C. Kaser-Lyrikpreis und den Peter-Huchel-Preis.

978-3-937445- KOOKBOOKS REIHE LYRIK

00-7 Daniel Falb **die räumung dieser parks**
03-8 Steffen Popp **Wie Alpen**
04-5 Ron Winkler **vereinzelt Passanten**
14-4 Gerhard Falkner **Gegensprechstadt – ground zero +** CD Music by David Moss
16-8 Uljana Wolf **kochanie ich habe brot gekauft**
18-2 Hendrik Jackson **Dunkelströme**
22-9 Tom Schulz **Vergeuden, den Tag**
23-6 Monika Rinck **zum fernbleiben der umarmung**
27-4 Christian Schloyer **spiel•ur•meere**
29-8 Sabine Scho **Album**
30-4 Christian Hawkey **Reisen in Ziegengeschwindigkeit**
34-2 Sabine Scho **farben**
35-9 Steffen Popp **Kolonie Zur Sonne**
37-3 Monika Rinck **Helle Verwirrung & Rincks Ding- und Tierleben**
38-0 Uljana Wolf **falsche freunde**
39-7 Daniel Falb **BANCOR**
41-0 Martina Hefter **Nach den Diskotheken**
42-7 Matthea Harvey **Du kennst das auch**
43-4 Alexej Parschtschikow **Erdöl**
44-1 Alexander Gumz **ausrücken mit modellen**
45-8 Mathias Traxler **You're welcome**
46-5 Daniela Seel **ich kann diese stelle nicht wiederfinden**
47-2 Michael Palmer **Gegenschein**
49-6 Monika Rinck **Honigprotokolle**
50-2 Dagmara Kraus **kummerang**
51-9 Gerhard Falkner **Pergamon Poems + DVD** 5 Gedicht-Clips von C. Lieb & F. v. Boehm
52-6 Hendrik Jackson **Im Licht der Prophezeiungen**
53-3 Christian Hawkey / Uljana Wolf **SONNE FROM ORT**
54-0 Steffen Popp **Dickicht mit Reden und Augen**
55-7 Martina Hefter **Vom Gehen und Stehen. Ein Handbuch**
56-4 Tristan Marquardt **das amortisiert sich nicht**
57-1 Uljana Wolf **meine schönste lengevitch**
60-1 Ulf Stolterfoht **neu-jerusalem**
61-8 Katharina Schultens **gorgos portfolio**
62-5 Karla Reimert **Picknick mit schwarzen Bienen**
63-2 Farhad Showghi **In verbrachter Zeit**
65-6 Rike Scheffler **der rest ist resonanz**
66-3 Linus Westheuser **oh schwerkraft**
67-0 Rozalie Hirs **gestammelte werke**
69-4 Sonja vom Brocke **Venice singt**
70-0 Dagmara Kraus **das vogelmot schlich mit geknickter schnute** zweiundzwanzig elfzeiler
71-7 Daniel Falb **CEK**
72-4 Christian Filips / Monika Rinck / Franz Tröger **Lieder für die letzte Runde** CD
73-1 Daniela Seel **was weißt du schon von prärie**
75-5 **mehr als pullover borgen** Anthologie Finnisch–Deutsch
77-9 Martina Hefter **Ungeheuer.** Stücke / Gedichte
78-6 Yevgeniy Breyger **flüchtige monde**
81-6 Birgit Kreipe **SOMA**
80-9 Anja Bayer, Daniela Seel (Hg.) **Lyrik im Anthropozän** Anthologie
82-3 Cia Rinne **zaroum / notes for soloists / l'usage du mot**
83-0 Eugene Ostashevsky **Der Pirat, der von Pi den Wert nicht kennt**
84-7 Steffen Popp **118**
85-4 Mette Moestrup **Stirb, Lüge, stirb**
86-1 Alexander Gumz **barbaren erwarten**
87-8 Farhad Showghi **Wolkenflug spielt Zerreißprobe**
88-5 Katharina Schultens **untoter Schwan**
90-8 Martina Hefter **Es könnte auch schön werden** Gedichte/Sprechtexte
91-5 Hendrik Jackson **Panikraum**
92-2 Susanne Schulte, Daniela Seel (Hg.) **Sibyllen & Propheten Triggerpunkte tom Ring**
93-9 Ulf Stolterfoht **fachsprachen XXXVII – XLV**
94-6 Christiane Heidrich **Spliss**
95-3 Tristan Marquardt **scrollen in tiefsee**
96-0 Monika Rinck **Alle Türen**
97-7 Georg Leß **die Hohlhandmusikalität**
98-4 Daniel Falb **Orchidee und Technofossil**
99-1 Athena Farrokhzad **Bleiweiß**

978-3-948336-

00-4 Charlotte Warsen **Plage**
01-1 Dagmara Kraus **liedvoll, deutschyzno**
04-2 Verena Stauffer **Ousia**
05-9 Ulf Stolterfoht **fachsprachen XLVI–LIV**
06-6 Sonja vom Brocke **Mush**
08-0 Yevgeniy Breyger **Gestohlene Luft**
09-7 Karla Reimert **Camp Zenith**
10-3 Martina Hefter **In die Wälder gehen, Holz für ein Bett klauen**
11-0 Birgit Kreipe **aire**
13-4 Farhad Showghi **Anlegestellen für Helligkeiten**
14-1 Rike Scheffler **Federn im Flug**

Reihe Lyrik Band 77 | 1. Auflage 2021,
Gestaltung: Andreas Töpfer | Gesetzt aus der Portrait und der Akzidenz Grotesk Next
Druck & Bindung: Steinmeier, Deiningen | Printed in Germany | 978-3-948336-13-4